कुछ हसरतें कलम से

ज़िन्दगी की कुछ
खट्टी मीठी एहसास

चिन्मई त्रिपाठी

Copyright © Chinmayee Tripathy 2022
All Rights Reserved.

ISBN 979-8-88704-838-3

This book has been published with all efforts taken to make the material error-free after the consent of the author. However, the author and the publisher do not assume and hereby disclaim any liability to any party for any loss, damage, or disruption caused by errors or omissions, whether such errors or omissions result from negligence, accident, or any other cause.

While every effort has been made to avoid any mistake or omission, this publication is being sold on the condition and understanding that neither the author nor the publishers or printers would be liable in any manner to any person by reason of any mistake or omission in this publication or for any action taken or omitted to be taken or advice rendered or accepted on the basis of this work. For any defect in printing or binding the publishers will be liable only to replace the defective copy by another copy of this work then available.

अनुक्रमणिका

मुखबंध

तुझसे बातें करने की हसरत

तुझसे मिलने की तमन्ना और

मेरे यूँ नज़रों से मोहब्बत करना

आप हो न हो... आपका मेरे शायरी

में दीदार हो ही जाता हे!

कोशिश अब यही रहेगी...

सारे ख्वाब मेरे पूरे होंगे

हक़ीक़त में न सही

पर हसरतें कलम से!

बहुत दर्द हे ज़िन्दगी के इस सफर में

आओ बाँट लेते हैं आपस में,

कुछ हसरतें लेके आई हूँ...

चलो साथ मिलके हक़ीक़त बना लें!

चलिए फिर देर किस बात की...

ये लीजिये पेश हे...

"कुछ हसरतें कलम से..."

समर्पण

प्रभात,

आप एक महान व्यक्ति हो, और आप जैसा कोई नहीं इस दुनिया में। मेरे जीवन साथी होने और मुझे लेखक बनाने के लिए धन्यवाद।

स्वीटपांडा,

आप ही मेरी सच्ची प्रेरणा हैं। मुझे अपनी शानदार दुनिया में स्वीकार करने और मुझे लिखने के लिए प्रेरित करने के लिए धन्यवाद।

प्रिय पाठकों,

आप लोग मुझे लिखने के लिए प्रेरित करते हैं। मैं आप सभी से प्यार करती हूं। पढ़ते रहिये, साथ में खुस रहिये!

प्यार के कई रंग...
मीठा मीठा... प्यारा प्यारा

एक बार और सही

आपकी तस्वीर देखकर ऐसा लगा जैसे

सुकून की तलाश ख़त्म हुई

हज़ार बार भी देख लूँ ...

दिल फिर कहता है ... एक बार और सही

ये बात अलग है...

आपसे नाराज़ नहीं हुआ जाता,

न जाने कितनी मोहब्बत कर बैठा हूँ।

न चाहते हुए भी मुस्कुराता हूँ ...

ये सोच के की मेरी कमी का गम आपको भी है!

आपसे दूर हूँ, ये सज़ा क्या कम है?

चलिए, इसी बात पर एक ऐसी शायरी लिखूं

जिसे पढ़ के आप रोये भी न पर रात भर

मेरी याद में सोये भी न।

मोहब्बत करके देखो

मजाल है कोई हम से
अपनी ज़िद्द मनवा ले
पर हाँ... झुकते तो हम भी हैं...
जहाँ प्यार का सवाल है
वहाँ दिल तो क्या
अपनी जान भी गवां ले!
कभी हम से जनाब
मोहब्बत करके देखो
जिंदगी में कुछ और करने की
ख्वाइश नहीं रहेगी!

अब सब कुछ हम ही करेंगे क्या?

किसी ने हम से कहा

प्यार मोहब्बत इश्क से

आगे भी तो बढ़िए...

हमने कहा:

प्यार फासले हैं

तो मोहब्बत

आपका ख़फ़ा होना

और इश्क आपका इंतजार...

हमे तो आप ही ने

रोक रखा है...

इस बेजान रूह में

आप ज़रा जान तो भरीये!

अब सब कुछ हम ही करेंगे क्या...

थोड़ा बहुत आप भी कुछ करिए!

साथ मोहब्बत की

मोहब्बत हुई भी तोः किस-किस से...
तन्हा दिल से, तन्हाई से,
सुकून से, दर्द की गेहराई से,
बेचैनियों से, खामोशियों से,
आंशुओं से,
हर उन लम्हों से... जिनमे बस तू है!
अब ज़िन्दगी कटेगी भी तोः कैसे... शायद तेरी मेरी...
यारी में, बातों में
मुलाकातों में, नोकझोंक में,
रूठने-मनाने में,
उन हसीन पलों में... जिसमे बस चाहत हो,
और कुछ लेने देने की गुंजाइश ही नहीं!

आपकी हंसी मैं हमारी मुस्कान

ये हमारी खुस किस्मत है

जो आप जैसा कोई हमे मिला

जब साथ होती हो

वक़्त का एहसास नहीं होता

जब दूर होती हो

तब आपकी याद में...

वक़्त का एहसास नहीं होता!

आपकी तारीफ जितनी करूँ कम है

आपका वह हंसना हसाना

आपका वह रूठ के झट से मान जाना

आपकी शरारत ... आपकी शैतानियाँ

न जाने क्यों याद दिला जाती है

बचपन की वह सारी नादानियाँ!

खुदा करे आप यूँही हंसती रहें

यूँही खिलखिलाती रहें

बस आपको इतना बता दूँ

आपकी इसी हंसी में

एक मुस्कान हमारी भी है!

तभी में सोचूं

तकदीर हमारी क्यों खास है

आप जैसी दोस्त जो हमारे पास है!

लो झुक गए हम

मजाल हे कोई हमसे
अपनी ज़िद्द मनवा ले
पर हाँ... झुकते तोः हम भी हैं...
जहाँ प्यार का सवाल हे
वहाँ दिल तोः क्या
अपनी जान भी गवां ले!
कभी हमसे जनाब
मोहब्बत करके देखिये
ज़िन्दगी में कुछ ओर करने की
ख्वाइश नहीं रहेगी!

प्यार की लड़ाई

ऑंखें चुराली हमने उनसे
समा-ए-इश्क़ में निगाहों से
जब बेपर्दा किया!
चाहत में आगे बढ़ने की हामी
हम ही ने भरी थी...
दिल जीत लिए वह
जब हमे अपनी हदें बताई!
कहा...
"बेहद प्यार है हमे आपसे,
बस एक बार खुदा से आपको
कुबूल तो कर लें...!"
उनकी इसी हिफ़ाज़त के आगे
मेरी बदनामी कैसी... ?
मगर हाँ...
आज भी हामी हम ही भरते हैं
बस बदनाम वह होते हैं!

सॉरी

कान पकड़ना अपनी
फ़ितरत नहीं!
पर माफ़ी मांगना
ज़रूरी था!
कान की बालियाँ बदल के
दो बुँदे डाल दी...
कान पकड़ के जाके कहा:
"ज़रा देखिए... मैं कैसी लग रही हूँ"

दिल जीत लिए

साँसे बंद होने का एहसास हुआ...
जब वह हमसे रूठे थे!
अजीब सा एक एहसास था
उनके इसी अंदाज़ पर भी
प्यार आ रहा था!
हमे मनाना नहीं आता!
मगर ये पता था
मोहब्बत जिसकी सच्ची हे
पहल वही करता हे!
ऑखें भर आई हमरी
जब उन्होंने पूछा
"आप ठीक तोः हें?"

परवाह

जिसकी खबर लेती हूँ...
उससे प्यार भी तोः बहुत करती हूँ!
जिस दिन खबर लेना छोड़ दूँ
कहीं ओर मत जाना...
मेरे कब्र पर चले आना!

साथ चलोगी क्या?

उन्होंने कहा: आप कुछ लेते क्यों नहीं?

हमने भी कह दिया:

उम्र भर के लिए साथ लेने आया हूँ,
चलोगी क्या?

नशा

दोस्त: यार, आज कल बहुत नशे
में रहते हो... कभी हमे भी बुलाओ पीने?
उसे क्या मालूम...
नशा शराब से नहीं,
रोज़ रात तेरी नशीली आँखों
से होता हे और सुबह तक
उतरता ही नहीं!
देख पगली,
सरे आम बदनाम हूँ शराबी नाम से,
और तू कहती हे मैं तुझे प्यार नहीं करता!

ख्वाइश

ज़िद्दी हमसे ज़्यादा कोई था न कोई हे...

पर अब लगता हे कोई हमसे भी

अपनी ज़िद मनवा ले!

इस भीड़ में कोई

हमे भी अपना मान ले...

लड़ पड़े हमारे खातिर

ज़माने से!

यही हे प्यार

नाराज़गी मेरी जायज़ थी,
मनाना उनकी फितरत नहीं
फिर कैसे चले साथ इतनी दूर?
हाँ शायद,
रात भर की मेरी सिसकियाँ,
सुबह तक उनसे
प्यार का एहसास जगा देता हे!
साथ में उनका अनोखा अंदाज़,
उठते ही, उनका मुझे पूछना:
"आप चाय के साथ कुछ लेंगी क्या?"

मोहब्बत करना कोई उनसे सीखे

उनमे आपको-

मिलावट नहीं... सादगी मिलेगी,

रंजिश नहीं... कशिश मिलेगी,

दर्द नहीं... दवा मिलेगी,

उफ़, इंकार नहीं... इज़हार मिलेगी,

मगर सीखोगे कैसे?

जनम जनम की BOOKING

हमारे नाम से हे!

चलिए, कोई बात नहीं,

हम सीखा देंगे!

खयाल रखियेगा

उनका मेरे लिए वक़्त निकालना,

या मेरे बहाने से

उनसे मिलने आना!

मेरे बिन बोले

उनका समझ लेना,

या मेरी दिन भर की

सारी बातें उनको बताना!

चोट किसीको भी लगे

दर्द दोनों को होना...

अगर आपको इन सारी बातों से

कोई चेहरा दिख जाए...

वही तोः है आपका प्यार!

इस अनमोल रिश्ते का

ख़याल रखियेगा!

बस हो जाता हे

कहाँ प्यार एक ही बार होता हे?
हमसे तोः ये बार बार हो जाता हे!
सवेरे उनके खिलते चेहरे से,
तोः शाम उनकी मेरी फ़िक्र से,
और रात... उनकी तिश्नगी-ए-इश्क़ से
अच्छा हे, सौगात में
सात जन्मो का साथ मिला,
दिन गिन के दिए होते तोः हमारी
साँसे भी चंद लम्हों की होती!
कैसे रोकूं अपने दील को
रोज़ ये पगला जाता हे!

जल गया मैं तो

पत्नी: मेरी तारीफ में कुछ कहो
पर हाँ, बात नई होनी चाहिए...
पति, हँसते हुए:
अब तोः बर्फ को भी
फूंक मारनी पड़ेगी...
पता है, अंगारों को कभी
इतने करीब से न तोः
देखा था, न चखा था...!
हाय... जल गया मैं तोः,
जब तुम्हे पहली बार अपने
बाहों में लेके,
तुम्हारी होठों को...
पत्नी: बस बस

मूड की ऐसी की तैसी

आज कुछ उखड़े-उखड़े से थे हम...
शायद महसूस किया उन्होंने...
अब "I love you" बोलने बोली,
हमने भी बेमानी,
बेमतलब-सी अंदाज़ में कह दिया!
धड़कनो में हरकत महसूस हुई
जब जवाब में उनका
"Love you too" के साथ एक सवाल आया:
"बस... कि और कुछ?"

फासले

जी भर के महसूस
करते हैं तुम्हे,
फासले कभी हमारे
यादों के दरमियान नहीं आते!
कौन कहता है सिर्फ साथ
रहने से ही प्यार बढ़ता है,
आज भी हम अकेले हंस देते हैं,
जब फ़ोन पर आपके नाम
से कोई हरकत हो जाती है!

लो हम तुम्हारे हें

क्या किस्मत पाई है हमने,

दिल का दौरा पड़ा भी तोः

उनके बाहों में!

जान जाते-जाते बची

जब हमारी रुकी धड़कनों

को अपने होठों से

चूमते हुए कहा

"सब ठीक हो जाएगा..."

धड़कने तेज़ हो गईं!

दरअसल हमारे दिल पे

राज उन्ही का तोः चलता है!

हमने तोः ज़िन्दगी अपनी अब

उनके नाम कर दी!

मोहब्बत बड़ी है

मानती हूँ नाराज़ हैं,

फिर भी ऐसे कैसे कह दिआ

"मायके चली जाओ!"

रोज़ रात हतेली चुम के वादा

भी तोः लेते हैं:

"छोड़ के नहीं जाने के लिए"

अब हुकुम मानती हूँ

तोः वादा-खिलाफी हो जाएगी!

आने दो उनको... वही तय करेंगे!

हमने तोः हमेशा प्यार

को हर चीज़ से आगे रखा है...

आप??

उनकी शिकायतें

"झुल्फों से यूँ न
मस्ती किया करो...
सवेरे आइना न
देखा जाता हमसे!
यूँ ताकते हो हमे रात भर,
सवेरे नज़रें नहीं मिला पाते
अपने आपसे!
इस कदर निशानियाँ देते
हो... क्या अपना, क्या आपका...
नहीं समझ पाते अब!"
हमे लगा लडकियाँ
प्यार न करने की शिकायत
करती हैं... यहाँ तोः बात
ही कुछ और है!

कह के देखिये

"मेरी गैर-हाज़री में
बिस्तर पर ये सिलवटें कैसी?"
उसकी खामोश नज़रें पूछ रही थी!
रूठा था मैं भी, कैसे कहता-
"सारी रात उसकी याद में बस
करवटें बदलता रहा"
मेरे रोम-रोम पर उसकी खुसबू
बयान करती है, मैं सिर्फ
उसीका हूँ! बाहों में लेके
करीब से महसूस तोः करती?

❀

हर बार दिल गवाही नहीं देता,
कहना पड़ता है... तोः कहके देखिये!

सजना है मुझे

लड़ती हूँ तभी तोः उलझती हूँ,

उलझती हूँ तभी तोः मनाती हूँ,

मनाती हूँ तभी तोः सजती-संवरती हूँ!

और आप कहते हो... इतना लड़ती क्यों हो?

ये क्यों नहीं पूछते... इतना सजती क्यों हूँ?

खयाल

हमे अपने ख़यालों पे
बड़ा प्यार आता है,
जब भी आता हे,
संग आपको लाता है!
सिद्दत से आपसे मिलना चाहूँ
तोः आप तक ले भी जाता है!
आपका पता नहीं... हम तोः
आपके खयाल से ही मुस्कुरा रहे हैं!
लगता हे... अब ज़िन्दगी अच्छी कटेगी!

झूठी

वैसे तोः मुझे झूठ

बर्दास्त नहीं...पर आजकल

झूठ का सहारा लिए घूमती हूँ!

अब घरवाले बस जानते हैं...

मैं सहेली के यहाँ पढ़ने जाती हूँ और

फ़ोन पर कॉल, सिर्फ बेस्टी का आता है!

पर बात तोः आप समझ ही रहे हो न?

मानती हूँ यह गलत है...

पर अब प्यार में क्या सही, क्या गलत?

उनसे मिले बिना रहा भी तोः नहीं जाता...

बेचैनी

कल आपसे मिलना है,
और आज पूरी रात पड़ी है!
वैसे...
आजकल कोई किसीकी सुनता कहाँ है?
मगर मेरा हाल तोः उससे भी बुरा है
दिल कुछ कह नहीं रहा,
धड़कन तेज़ भाग रहा,
दिमाग सोच नहीं रहा,
ओर बस आँखों को
आपसे ख्वाब में मिलने की
लालच ने सुला रखा है!
वरना...
सोया तोः मेरा रोम-रोम नहीं
पता नहीं जब मिलूंगा तोः होश
भी रहेगा या नहीं?

☙❧

जो भी हो... बड़ा प्यारा एहसास है

बेबस

बड़ा प्यार आता हे उनपे,

जब वह शरारत करती हैं हमसे!

सारी शर्तें मनवाती हैं,

सारी गलतियाँ गिनवाती हैं,

सारी नखरें दिखाती हैं,

ओर हम बस ख़ामोशी से उनको ताकते हैं!

बेहद्द मोहब्बत है उनसे... तभी

हमे बेबस करती हैं

और हम बेबस हो जाते हैं!

৯৩৪

In short: ऊँगली पर नचाती हैं!

"अज़ीज़ हैं, इतना हक़ तोः बनता हैं"

मेरी दुनिया

रोज़ रात एक ऐसी
दुनिया में जाती हूँ,
जहाँ सिर्फ मैं होती हूँ
अपने प्यार के साथ!
कोई हद्दें नहीं, कोई दायरा नहीं!
मैं तोः जी भर के मोहब्बत
करने जाती हूँ, पर वह कहता है
"जहाँ जी भर जाए, वह
आशिकी कैसी?"
अच्छा हे, हर बार अधूरा रहता है
और मुझे रोज़ जाने की तलब रहती है!

৷৩৬ৎ

वैसे ये हकीकत बन जाए...
तोः लाज़मी है मेरा शर्माना!

जोरू का मुलाम्म बादशाह

दुनिया: बीवी है, बीवी की तरह रख!
उन्होंने कहा... वही तोः कर रहा हूँः
"वादा किया था रानी बनाके
रखूँगा, अपना सब कुछ तोः
छोड़ के आयी है... अब गुलामी तोः
करनी पड़ेगी न?"
मैंने झट से कहा:
"आप हमेशा मुझे बराबरी का
दर्जा दिए हो, आगे मुझे रख
खुद मेरे साथ चले हो...
दिल ने तोः आपको बादशाह
और खुद को बेगम माना है!"

☙❦❧

अब दुनिया चाहे कुछ भी कहे,
"इसी फितरत की दुनिया गुलामी न करे तोः कहना!

पहल

सोचती हूँ आज कह दूंगी,
मेरी उलझी हुई केसूओं को
आप यूँ न संवारा करो?
झुलफें तोः संवर जाते हैं...
मगर आपके इतने करीब आने से
जी मचल उठता है... दिल करता है
आपको कस के बाहों में भर लूँ
और आप में कहीं खो जाऊँ!
चलिए आज दिल की सुन ही लेती हूँ,
गलती है तोः है... गुनाह तोः नहीं!

☙

पहल हमेशा लड़के करें, ज़रूरी तोः नहीं?

ज़िन्दगी

कच्ची उम्र की मोहब्बत थी,
वजह नहीं जानते थे प्यार का, इकरार का!
मजा नहीं जानते थे इंतज़ार का, तकरार का!
मगर अब बात कुछ अलग है,
साथ रहने की वजह भी जानते हैं और
पास रहके मजे भी लेते हैं!

ॐ

प्यार से शुरू... प्यार पर ख़तम-
यही तोः है ज़िन्दगी!

एक रात

क्यों तेरे बिना मुझे
हर चीज़ अधूरी लगती है?
मिलजा कभी मुझे तू सनम,
एक रात ही सही...
सितारों को बिस्तर और
खुद को चाँद बनाके दिखला दूँ!
मेरा यूँ तुझसे मिलना और इश्क़ बनके बरसना...
तुझे एक रात में ही सारी
मौसम बनके दिखला दूँ!

৵৵

आज भी तुझे जी भर के महसूस करता हूँ!
कभी तोः लुटाएगी मुझपे अपना प्यार!

मासुम सी मोहब्बत

उनकी मासूमियत जब चेहरे से
छलकती है, बद्तमीज़ दिल भी
तमीज से पेश आता है!
उनकी बचकानी मुस्कान, बिन बोले
सौ बात कह देती है!
उनकी हमे सुनने की अंदाज़ से
टूटे ख्वाब के भी जश्न मना लेते हैं हम!
उनका हमे वक़्त देना... अक्सर
पास होने का एहसास दिलाता है
कुछ "ख़ास" होने का एहसास दिलाता है!

लाजवाब इश्क़

मौजों में जो मज़ा है,
भंवरों में जो मस्ती है,
वह साहिल में कहाँ?
तभी मुझे मंजूर है-
तेरे इश्क़ में दर्द,
इंतज़ार में नज़रें,
गलियों में बदनामी!
हर वह पहचान जो एक
आशिक़ को मिलता है!
पता है क्यों?

॰

किसीने खूब कहा है:
"लाजवाब मोती कभी किनारे पर नहीं मिलती!"

मीठा मीठा एहसास

दिल कह रहा है...
आज कुछ कहने का मन नहीं!
बस आप हमारे सीने पर सर
रख दीजिए और धड़कनो को
महसूस कीजिए!
ज़रा आपको पता तोः चले,
आपके लिए जो हमारा प्यार है...
वह बोलता कैसा है!

ॐ

प्यार का मीठा एहसास, हुआ ना?

चाँद पर दाग

लड़की: हटो... बड़े बेशरम हो,
कोई देख लेगा?
लड़का: उस चाँद से तोः कम ही हूँ!
वह तोः काले बादल में छिपने के बदले,
बेशर्मों की तरह चांदनी छिड़क-छिड़क
के प्यार करने वालों को ताकता रहता है!
तुम्हे उसपे बड़ा प्यार आता है!

☙

हर प्रेम-पंछी को एक बार
चाँद ने देखा ज़रूर होगा!

ऐब

काश कोई मुझसे मुझ जैसा प्यार करता!

पता तोः चलता मुझ में

ऐब कहाँ है?

अगर कोई ऐब नहीं...

तोह खुदा से यही दुआ है,

अगले जनम में मुझे फिर

मुझ जैसा ही बनाए!

जिसपे प्यार बनके बरसूंगा

दावा है, रूह तक भीगा दूंगा!

කෘ

कोई मुझ जैसे दिल लगाए तोः सही...

स्पर्श

आप बहुत अलग हो!
कोई नज़रें मिलाके प्यार करता है,
कोई बत्ती जलाके... तोः कोई बत्ती बुझाके!
लेकिन आप?
हम्म्म्म... दरअसल...
तुम्हारी चाहत की आग में हमे
अपने हाथों को सेकना अच्छा लगता है!
नज़रों से देखूंगा तोः सुबह तक भूल जाऊंगा!

৵৶

छूके महसूस करने से
मोहब्बत का रंग चढ़ता है!
हमसफ़र साथ है... तोः मजे लीजिये!

कुछ दर्द मेरे मुस्कुराहटों
के पनाह में....

कुछ पाने की प्यास नहीं

अक्सर सोचती हूँ...कौनसा वह पल था,

जब अजनबी दिल की एक आवाज़ ...

मेरे दिल को मेरे सीने से चुरा ले गया!

चुराया भी तोः क्या खूब,

बदले में अपना दिल हार गया।

इश्क़ ये मेरी एक तरफ़ा न था,

अगन ये सिर्फ मेरे सीने की न थी

तमन्ना दो दिलों में बराबर-सा था,

डरती थी शायद इकरार से

इंकार का तोः सवाल ही न था,

इल्म इतना था की...

ये लगाओ जिस्मानी नहीं,

रब के सजदे-सा पाक था।

तमन्ना जो दिलों में बराबर-सा था,

बस ये प्यास न बुझा सका!

आज हर सांस यह कहती है,

ये इश्क़ मुक्कम्मल होगा,

हर धड़कन ये कहती है,

तू हमदर्द... तू नसीब होगा,

इस जनम में न सही...

आनेवाले हर जनम में...

जिस्म पर तेरे हक़ से

...नाम मेरा ही होगा!

तमन्ना तोः दिलों में अब भी है,

...पर कुछ पाने की प्यास नहीं!

दर्द भी कैसा, जिसका दवा ही नहीं

या खुदा...ये गुनाह क्यों करवाते हो मुझसे,

हैं तोः फिर भी मेरे अपने

जब रुस्वा की उन्हें बाज़ार में

दर्द मेरे ही सीने में उठा

उन्हें खबर तलक न हुई

हर लफ्ज़ आज भी दर्द दे जाती,

दर्द भी कैसा, जिसका दवा ही नहीं!

ज़िन्दगी पहले हँसते हंसाते निकलती थी,

अब तोः ज़िन्दगी हंसने लगी है,

पहले तन्हाई सुकून देती थी,

पर अब सुकून भी दर्द दे जाती है,

दर्द भी कैसा, जिसका दवा ही नहीं!

अब तोः हवा से डर लगने लगा है,

पहले हवा हर मौसम की खुसबू लाती थी,

पर अब हाल कुछ ऐसा है...

हवा हर मौसम अपने साथ

आंशुओं की बरसात ला देती है!

और हाँ, उन आंशुओं में

...हमे अपना दर्द मिल जाता है

दर्द भी कैसा, जिसका दवा ही नहीं!

धागा ये कच्चा

ऐ वक़्त इतना भी
इम्तिहान न ले मेरा
रूह तक थक चूका हे
शीत्तम ये देख के तेरा!
अब बस...
कहीं ज़िन्दगी और मौत
के बिच का धागा
कच्ची न पड़ जाए!
दिल-इ-तमन्ना दिल में रह और
ज़िन्दगी मौत से हार जाए!

ज़िन्दगी और मौत

अब हाल-ए-दिल क्या बयान करें

जहाँ ज़िन्दगी रूठी है

और

मौत नाराज़ है!

जीते जी हमसे रूठे लोग

मनाये नहीं गए...

ज़िन्दगी और मौत को तोः

मनाने की अब उम्मीद भी नहीं!

किताब

◆ ━ ◆ ━ ◆

मेरी ज़िन्दगी एक ऐसी किताब है
जहाँ हर पन्ना दिल का दर्द है
कभी मेरी मोहब्बत एक किताब
हुआ करती थी...
पर जाने अनजाने उसमे वह भी
बस एक बदलती कहानी निकले!

अब रोया नहीं जाता

अधूरी-सी ज़िन्दगी अपनी
न नींद पूरी होती है
न ख्वाब
अब तोः मासूम-सी पलकों पर भी
तरस आता है...रोज़ भीग जाती हैं
मगर कहती हैं "अब रोया नहीं जाता"

एहसास-ए-मोहब्बत

हसरतों ने हाथ छुड़ा लिया
शायद ज़रूरतें ज्यादा बोल पड़ीं
पर उम्मीदों को देखो... आज भी
उसका ख्वाइश लिए बैठा है...
जिसको मोहब्बत का एहसास भी नहीं!

समझौता

खुद पर हंसी आती हे
औरों को देख अब क्या मुस्कुराना!
वक़्त-ऐ-हालात से
इस कदर समझौता हुआ
की आंशु भी अब सवाल करते हैं
बेवक़्त क्या आना?
हालात-ऐ-ज़िन्दगी जीने के लिए
अब बारिस का सहारा ढूँढती हूँ
शुक्र गुज़र हूँ उस बेवक़्त बारिस की
जो अक्सर साथ दिया करती हे
आँखों में कुछ गिरने की
अब बहाना नहीं करती!

उलझन

किसी अजीज़ ने हमसे पूछा:
उलझन में हो... क्या परेशानी हे?
यार...एक दिन के लिए मर के
वापस आना चाहती हूँ,
पता तोः चले...
हमारे बाद रोता कौन हे!
वैसे-खुदकुशी तोः मैं करुँगी नहीं,
हाँ कभी कोई हादसा हो जाए
वह अलग बात हे!

सच्चाई

माँ कहती
बेटा हमेशा सच बोलना
सच के सिवाए ओर कुछ नहीं
और आज देखिये:
वाकई में मेरे साथ
सच के सिवाए कुछ नहीं... कोई नहीं!

बेवक़्त के आंशु

बार बार पलकें झपकाई
की ये बेवक़्त के आंसू रुक जाए ...
पर उन नाज़ुक पलकों का क्या कसूर,
दील का दर्द जो इतना भारी था,
ये रुके ही नहीं!

अनजाना दिल

हमे पता था प्यार में
परवाह होता हे...
दिल ने तोः बस परवाह की!
अनजाना दिल बेखबर निकला...
वही परवाह कब उनकी घुटन बनगई!

यकीन

तू भले ही इंकार कर ले,
पर मेरे दर्द से
तेरी ऑंखें छलकी होंगी...
यही मेरे प्यार की पहचान है...
वह एक तरफ़ा नहीं!

हार गई तोः... हार ही सही

जुबान को अल्फ़ाज़ों की
कमी महसूस होती हे!
अब बहस नहीं करती!
ख़ामोशी अच्छी लगती हे!
हार गई तोः... हार ही सही
जीत के कौनसा किसीको
अपना बना लिया?
उलझे वक़्त को समझ रही हूँ शायद

छोटी-सी बात

कभी ऐसा क्यों लगता हे,
कोई पास बैठे
हाथों में हाथ डाले
आँखों से आँखें मिलाके
बस पूछे "तुम कैसी हो?"
थक गई हूँ शायद...
अपने सपनों से
अपने अपनों से
वक़्त से... हालात से
शायद ज़िन्दगी से?
बात हे तोः बहुत छोटी सी
पर कोई पूछे तोः सही?

जरिया

हमने दील से कहा
यहाँ बहुत दर्द हे
कहीं ओर क्यों नहीं जाते?
दील ने कहा:
मुझे कोई फरक नहीं पड़ता,
दर्द आपका...
दर्द देनेवाले आपके...
मैं तोः बस जरिया हूँ
आप तक के एहसास का!

एहसास

जिसका दिल भरा हो
चाहे मोहब्बत से,
चाहे दर्द के जज़्बातों से,
एहसास तोः एहसास है!
कोई छेड़ दे उनको तोः
आँखों से अश्क बनके
बरस ही जाते हैं...
किसी के बहते अश्कों पर
हसना मत दोस्तों...
निकले तोह होंगे वह
उसीके दिल चिर के ही न!

बरसों बाद

सालों बाद आज माँ की
कमी महसूस हुई,
न जाने क्यों... इन नैनो में
आज नमी महसूस हुई,
बह जाने दी होती उन अश्कों को,
पर न जाने क्यों बोल पड़ी
उन अश्कों से:
"आप तोः हमे छोड़ के न जाओ!"

दिलजला

बेहिसाब आंसुओं की
कोई कीमत होता, तोः आज
हर दिलजला राईज़ होता!
अक्सर इन बहते आंसुओं
की वजह, कीमती रिश्तों
के दिए दर्द होता है!
इन अश्कों का बह जाना ज़रूरी है!
कुछ मिले न मिले...
सुकून तोः मिलता ही है!

अकेलापन

मरने के बाद वजह
पूछने निकल पड़े:
"भाई, कैसे हुई इनकी मौत?"
काश,
जीते जी हाल पूछ लेते
शायद कुछ दिन और जी लेते!
हो सके तोः-
अपनों के लिए,
दोस्तों के लिए,
वक़्त निकाला कीजिए!
बस एक "हेलो" से भी काम हो जाएगा!

दर्द

दर्द तोः दर्द होता है
चाहे मोहब्बत से मिला हो
या किसी के बेरूखी से!
बस, ये दील न होके,
होता एक कब्रस्तान...
तोः दफना देते वह सारे दर्द,
जो हमे चैन से जीने नहीं देते!
न रहता दर्द... न उसकी चुभन!

सैलाब

आज फिर से दर्द उठा,

वही बीती पुरानी यादें!

तब एहसास हुआ, दर्द

समंदर-सा गहरा है,

अब तक वहीँ ठहरा है!

नहर होता शायद अब

तक रास्ता बदल देता!

और तब आंसुओं का सैलाब

आया, महसूस हुआ

जैसे मैं ज़िंदा हूँ!

हाल-ए-दिल किसी से नहीं कहता!

पूछनेवाला दर्द भी तोः नहीं देता!

क्यों किसीको तकलीफ देना!

इंसान हूँ... इंसानियत भी है!

प्यासा

जानता हूँ अब वह
कभी मेरी नहीं होगी!
जानके भी उसको सिद्दत से
याद करता हूँ, क्यों की
उसकी यादें सिर्फ मेरी है!
कहीं बीते वक़्त में उसे
भुला न दूँ...
प्यासा होके रोज़ समुन्दर
के साहील पर खड़ा रहता हूँ!
समुन्दर के पानी से किसी का
प्यास बुझा है भला?

अपने

भूक लगी थी...
लंगर से पेट भर गया!
अब दिल उदास है...
कहाँ जाऊँ?
काश रब ने कोई
प्यारवाली-लंगर बनाया होता,
जहाँ दिल भर के प्यार मिल जाता?
तभी किसीने अपनों का पता दिया...
पर खुदा मेरे हिस्से के
नसीब से नावाक़िफ़ तोः नहीं?

∼

"नसीबवालों को अपनों का साथ मिलता है"

तजुर्बा

ज़िन्दगी कुछ सिखाए न
सिखाए... एक तजुर्बा बड़ा
सिखाया है-
" आँखों में आंसू भरे हों... पर मुस्कुराके-
"हांजी, सब बढ़िया" बोलना सिख गए!
अब सच्चाई और ईमानदारी से
जब कुछ मिला नहीं... तोः थोड़ा
बहुत झूठ हम भी बोलना
सिख गए!

गलती

सब कुछ बिखर गया
जब उन्होंने कहा गलती मेरी है!
उस दिन अकेलेपन का एहसास हुआ,
जिस दिन मैं रूठी तो: थी उनसे, पर
अपने आप मान भी गई!
मैंने दिल को समझा दिया
पर इस बात की शिकायत
तो: ज़िन्दगी भर रहेगी!
शायद उन्हें खोने से डरती हूँ...
कहीं मैं रूठी की रूठी न रह जाऊँ
और वक़्त हाथ से निकल जाए!

ॐ

"कुछ बातें भुलाए नहीं भूलती"

तजुर्बेकार

मेरा भी दिल करता है
मैं कुछ कहूँ... कुछ करूँ,
दिल खोल के रख दूँ!
मेरे दर्द, मेरी खुशियाँ,
मेरे सपने, मेरी ख्वाइशें!
पर कहाँ... और किस से?
हर बार, हर कोई मुझे
सुने, ज़रूरी तोः नहीं!
तोः हर बार दील की बातें दिल में
रह ही जाती हैं, अनकही... अनसुनी!

☙❦☙

तजुर्बेकार हैं-अब से बातें किसीकी अनसुनी
और अनकही नहीं रहेगी... हम हैं न!

बाहों में ले ले

कोई काश बाहों में
ले मुझे... और बाहों
में भर के तब तक रखे
की जब तक मेरी रूह पिघलके
अक्श बनके न बह जाए!
क्या है ये अनजाना-सा दर्द,
जब भी उठता है... नहीं समेट
पाती हूँ अपने आपको?
इस दर्द की कोई इन्तहा नहीं,
लो हार गई ए-ज़िन्दगी तुझसे,
अब ये भारी आंसुओं का बोझ
मुझसे उठाया नहीं जाता!
अब तोः सजदों में सिसकती हूँ में!

❀

सब्र: किस्मत है पलटेगा ज़रूर!

कह न पाया

वह हमारी बेपनाह मोहब्बत
से नावाकिफ़ थी...
अभी ज़िक्र भी नहीं हुई थी इसकी...
और दील ऐसा टुटा...
समेट न सका टुकड़ों को!
समेटता भी कैसे... डगर अंजना था,
बस थोड़ी दूर ही चला था!

॥

शायद गलत जगा दिल लगा बैठा

फर्क

दर्द सहने की ताक़त शायद पहले ज़्यादा थी...
तब दर्द राह में मिल जाता
और में आगे पीछे देख निकल पड़ती थी!
और आजका देखिये... कोई बस हँसके
हमदर्दी दिखा दे... तब भी टूट के बिखर जाती हूँ!
कहाँ गई वह हिम्मत, वह ताक़त?
तब दर्द झेली थी, अब शायद उसे
महसूस करती हूँ!

◌

बस अब आंसू रुक जाए या फिर साँसे,
कोई फर्क नहीं पड़ता!

खिलौना

अब महफिलों में नहीं जाते हम!

पहले प्यार पाने गए थे,

फिर प्यार भुलाने!

तब दर्द लेके आये थे,

फिर वही दर्द, भुलाने गए!

अब न वह प्यार रहा

न वह दर्द!

एक वक़्त वह था... एक वक़्त ये है!

दिल बेहलानेवाला खिलौना,

अब टूट चूका है!

टूटे खिलोने से खौफ़्ज़ कैसा?

दर्द से वह वाकिफ है,

वह कभी दर्द नहीं देगा!

यादों का सिलसिला

मौकापरस्त कलम

पैग़ाम-ए-ज़िंदगी
क्या लिखा हमने ...
कलम की ताक़त का एहसास हुआ!
ये रुला भी देता है,
ये मिला भी देता है,
ज़िन्दगी के किस्स्सों को
किस्तों में बाँट देता है,
आधी अधूरी-सी ज़िंदगी के
आखरी खत भी लिख देता है!
मौकापरस्त को मौका मिले
तोः वह हमेशा के लिए
सुला भी देता है!

वक़्त का फ़साना

यूँ तोः न था मैं,
बहुत खिलखिलाके हंसा करता था
अब बस हालात ही नहीं,
वक़्त भी बदल-सा गया है।
पहले चेहरा पढ़ने का हुनर
नहीं आता था ...
और अब तोः हर मुस्कान के पीछे
की साज़िश तक देख लेता हूँ।
ये वक़्त का फ़साना ही है...
जहाँ न कोई अपना है, न पराया
बस सन्नाटे में धड़कनों को साज़
और साँसों को ग़ज़ल बनाये
जिए जा रहा हूँ।
ज़िन्दगी एक ख़ूबसूरत गाने
से कम थोड़ी है।

यादों में डूबते चले गए

जब तेरी याद आई

बहुत आई...

शिद्दत-ए-इश्क़ कुछ ऐसा परवान चढ़ा,

लगा हम रेत की ढेर पर खड़े हैं,

जितना तुमको भूलना चाहा

उसी में डूबते चले गए!

तू मुझे कभी याद न आये

मोहब्बत न हुई होती तोः गम न था,

छोड़ के न जाते तोः गम न था,

कम्बख्क्त ये याद न होता तोः गम न था!

हर बीतते लम्हा कुछ कह जाती है,

हर आती हुई फ़िज़ा कुछ कह जाती है,

दिल अब धड़कने सुना जाती है,

ख़ामोशी अब इतनी है की...

हर आहट कुछ एहसास दे जाती है,

एहसास भी कैसा...मानो...

परछाई मेरी, तस्वीर आपकी होती है,

साँसे मेरी, खुसबू आपकी आती है!

कैसे बयाँ करूँ हाल-ए-दिल अपना सनम,

गुरुर अब हमे भी है तुझे भुला देने की।

बस अफ़सोस इस बात का रह गया...

की पहल छोड़ने की तूने कर दी!

तेरी बेवफाई भी... मुझे मोहब्बत लगी,

तेरे साथ चले चार कदम...

मुझे मेरी उम्र लगी...

रब से मेरी अब एक ही इल्तेज़ा है

कोई मुसाफिर भले मुझे याद आ जाये

...पर तू मुझे कभी याद न आये!

मिल भी ले यारा

जाते जाते मेरा सब कुछ तोः वह ले गयीं...

वक़्त

दर्द

नींद

चैन

प्यास

अब बस मुलाकात की

आस लगाए बैठा हूँ...

और लगाने लायक कुछ हे भी तोः नहीं!

अब आ भी जा... क्या जान लेके मानेगी?

मर्ज़ी

किसीको सिद्दत से याद करो,
वह आपको याद कर ही लेता है!
पर आजकल मेरे साथ ये
नहीं होता है!
माँ को बहुत याद करती हूँ,
वहाँ से कोई जवाब नहीं आता
शायद उपरवाले की यही मर्ज़ी है!

यादें

क्यों उन्हें याद करती हूँ?

काश मुझे ये आदत लगे की

जब भी उनकी याद सताए,

अगले ही पल सब भूल जाऊं,

उनको भी और खुद को भी!

और ऐसा भी हो, जब ऑंखें

बंद हो, उनकी याद न आए!

तोः अपनी पलकें न उठाऊँ कभी,

बंद आँखों से ही अपनी

उम्र गुज़ार दूँ!

काश में अपने आपको भूल जाऊँ...

न रहूँ मैं और न उसमे उनकी याद!

ॐ

यादें बहुत सताती है!

पक्की यादें

मजबूरियों के आगे लूट गए जज़्बात
हाल-ए-दिल अब बयान नहीं होता।
पहले तेरे बिना जो सूनापन था
वह आज तेरे होके न होना दर्द से
काफी अच्छा हुआ करता था!
रोज़ अल्फ़ाज़ों से तेरी उन यादों को लिखती हूँ
ये सोचके की कभी तोः यादें ख़त्म हो,
मगर जितना लिखती हूँ... कम्बख़्त
यादें पक्की होती रहती हैं!

कुछ हसरतें कलम से...

चाहत को छलावा बनते देर न लगी...

(एक छोटी-सी प्यार भरी कहानी-गिर के फिर संभलने की...)

पहले नज़रें मिली, फिर दिल

जब ऐतबार हुआ, तस्सल्ली हुई... साथ चल दिए!

सात फेरे लिए, सौ कसमें खाए,

हज़ारों वादे करके नई दुनिया बसाये!

हर पल सुहाना था, लगा चाँद हतेली पर था

और जन्नत मेरी किस्मत!

मेरी एक झलक पे आप फ़िदा थे...

और आपकी इसी अदा पे मैं खिल जाती थी!

अब वक़्त के साथ मौसम बदला...

हालात बदले,

क्या पता कब हतेली से चाँद फिसल गया,

ज़िन्दगी जन्नत कम, वीरान लगने लगी!

चमक मेरी अब भी थी, बस आप की नज़रें बदल गयी!

प्यार आप अब भी करते हो...

पर अब वह मासूमियत नहीं, हैवानियत होती है!

हर सुबह की पहली किरण से वादा करती हूँ

अब जब हतेली पर चाँद चढ़ेगा, उसे फिसलने न दूंगी,

आने वाले हर लम्हों में अपने आपको बिखरने न दूंगी,
बस अब अपने अभिमान का,अपने स्वाभिमान का, सम्मान
में रखूंगी!
आपके नाम से मेरा नाम रहेगा, पर उसमे मैं नहीं रहूंगी,
आपके आने से पहले में थी,आपके जाने के बाद भी में
रहूंगी!

कुछ हसरतें कलम से

सफर हमसफ़र के साथ...

तुझे पता नहीं तू क्या है

मेरी आँखों से देख अपनी खूबियां...

हज़ारों रोज़ मरते हैं, ज़िल्लत की ज़िन्दगी जीके,

काश तेरी खूबियों की

एक झलक उनके हमसफ़र में आ जाए...

ज़िन्दगी खुशनुमा... लम्हे खूसूरत हो जाए

दिन रंगीन और रातें हसीन बन जाए!

मेरी तारीफ की वजह तू है

मेरी हंसी की वजह तू है

आज में जो कुछ भी हूँ

मेरी उस अक्स की वजह तू ही है!

धुंधला-सी गई थी, मुरझा-सी गई

कहीं खो-सी गई थी मेरी अस्तित्व,

तूने हाथ थामा...

कदम से कदम मिलाके चलने की राह दिखाई

बिन पंख की चिड़िया थी में

आज चील-सा पंख लगायी!

उस वक़्त का सुक्रिया

जिसने मुझे तुझसे मिलाया,

उस रब का सुक्रिया जिसने तुझे बनाया,
दिल कहता है तेरे जैसा हर कोई हो जाए,
मेरी तरह सब की ज़िन्दगी खुशनुमा...
और लम्हे खूबसूरत बन जाए!
हर उस तनहा राहगीर का सफर
तुझ जैसे हमसफ़र से रोशन हो जाए!

प्यार है...कोई सौदा नहीं

कौन कहता है टूटे दिल की आवाज़ नहीं होती

कभी मेरा दर्द बनके देख

छनछनाहट आज भी सुनाई देगी!

कौन कहता है इश्क़ में आँशु नहीं होते

अपने अजीज़ को किसी और के बाँहों में देख

दिल में तड़प आज भी महसूस होगी!

चल छोड़ इन् बातों को

ज़िन्दगी बहुत छोटी है मेरे दोस्त

प्यार है... कोई सौदा नहीं...

अपने लिए तोः सभी जीते हैं

कभी किसी और के लिए जीके देख

तूफ़ान के बिच में भी सुकून मिलजाएगी!

बेबाक आशिक़...

अकसर शिकायत थी उनसे मोहब्बत न करने की!

अकसर शिकायत की उनसे इज़हार न करने की!

पर हमे ये मालूम ही न था

जिस से हम दिल लगाए बैठे हैं

वह तोः शायर निकले!

तारीफ में एक रोज़ हम पे

भरी महफ़िल में शायरी कह डाली!

हम हँसते मुस्कुराके उनको परखने की

कोशिश ही कर पाए थे...

तभी मेरे हाथों को अपने हाथ में लिए पूछा

मुझसे शादी करोगी?

हमने भी हंस के

हाँ कर दी!

(-to be continued)

 कुछ हसरतें कलम से

बेबाक आशिक़... (Part-2)

उनका यूँ हमसफ़र बन जाना,

सारी ख्वाइशों को

हकीकत में बदल देना,

मुझे मानो आइना मिल गया था!

मेरी हंसी में वह थे

मेरे आंसुओं में भी वह थे

जिस ओर देखूं मैं

हर कदम हमसफ़र मेरे साथ थे!

गुरूर था हमे अपने चेहरे पे

पता चला ...

वह सदियों से हमारे दिल के दीवाने हैं!

शर्म से हमने अपना

चेहरा छुपा लिया...

अब तलक बस शिकायतें की हमने

बेबाक आशिकी तो: वह कर गए!

हमसफ़र क्या बने...

इश्क़ में हमसे सौ कदम

आगे निकल गए!

दगाबाज़ आईना

तन्हाई के आलम में
जब आईने की तरफ नज़र गयी
नज़रें झुक गयी!
शिकवा और शिकायतें
तोः हम हसीनो की आदत है
मगर इस इश्क़ की बेख़याली में
हमने इतनी बड़ी सबूत
कैसे छोड़ दी?
हमने आईने से पुछा
क्या देखा है आपने?
या खुदा... आइना बोल पड़ा!
आपकी कशिश... उनकी तड़प
आपकी नाराज़गी... उनकी सजा
आपकी बेचैनियाँ... उनका स्पर्श
आपकी हर एक हुक्म...
उनका सर आँखों पर लेना
और आपकी हर वह रंगीन रातें...
बस, बस...
बिच में ही बोल पड़ी मैं
दगाबाज़! उनसे न कहना...

(-to be continued)

दग़ाबाज़ इश्कबाज़ आईना
(Part-2)

दूर बैठे इनको निहार रही थी...

मन ही मन सोच रही थी...

आईने का यूँ बोल पड़ना

कहीं मेरी गलतफैमि तोः नहीं?

ये दगाबाज़ इनसे कुछ कह न दे!

तभी उन्होंने पूछा...

आज मैं कैसा लग रहा हूँ?

मैं कुछ कहती

उससे पहले आइना फिर बोल पड़ा...

आप हमेशा से ही

उनका सम्मान हो... वह आपकी अभिमान

उनका इंतज़ार हो... वह आपकी उम्मीद

उनके लिए संसार हो... वह आपके लिए प्यार

उनके आगे न सही... कम से कम

उन्हें अपने साथ चलने देना!

हमराज़ न सही,

हमसफ़र बने रहना!

हाए, ये आइना तोः दगाबाज़ नहीं

इश्कबाज़ निकला

ताउम्र इश्क़

दरअसल मेरी और रब की
खूब जमती हे,
रिश्ता जज़्बात का जो हे!
मेरी हतेली दुआ में उठता हे
तोः उनका कुबूल में!
अक्सर सोचती थी...
मेरा हमसफ़र रब-सा हो!
जो शौक भी पूरा करे
और ज़िद भी!
और ऐसे में उनका रब जैसा होना
और मेरा उनको सजदा करना...
एक उम्र में लगे जैसे
हज़ार ज़िन्दगी जीना और
ताउम्र इश्क़ करना!

वजूद

नैनों के बारे में लिखा
तोः आंशु बुरा मान गए
कहा, गम हो या खुसी
साथ तोः मैं ही चलती हूँ!
अब, दिल के बारे में लिखा
तोः दर्द बुरा मान गए
कहा, छोटा-सा तोः दिल हे
उसपे क्या इतनी शायरी...
कभी हमे देखलो
लिखने की कसर पूरी हो जाएगी!
लिखते लिखते हंसी आ गयी...
किसी एक के बिना... दूजे का कैसा वजूद!

वक़्त वक़्त की बात हे

जब जेबें खाली थी
कहीं पर पढ़ा था...
"पैसा फेंक... तमाशा देख»
और आज जब तिजोरियाँ भरी पड़ी हे
ज़िन्दगी खुद तमाशा बनी हे!

अधूरे सपने

उन अधूरे सपनों का क्या
जो आप चाह कर भी
कभी पूरे नहीं कर सकते?
क्या प्यार और तसल्ली से
अपने सपनों को भुला सकते हो?
फिर उन दर्द का क्या
जो रह-रह कर उठता हे,
जब अपने सपनों पर
किसी ओर को जीते देखते हो!
हमने तोः कोशिश कर ली
अब आपको कोई दवा मिल जाए
तोः ज़रूर बताईएगा!
बहुत से मरीज़ मिलेंगे

देखा हे मैंने

वक़्त के साथ हालात,
दौलत के साथ रिश्ते,
अपनों से धोका,
दोस्तों से फरेब!
छोटी सी ज़िंदगानी में
बहुत कुछ देखा हे मैंने!
फिर भी हंसती मुस्कुराती
किस्मत हे मेरी!
एक दीवाने को मेरे
प्यार मैं हद्द से
गुज़रते देखा है,
एक बार रुठ जाऊं, तोः
दस बार मनाते देखा है मैंने!
इसी से तोः चलती हे साँसे मेरी!

औकात मेरी

सोचती हूँ,

ज़माने ने तय की हे औकात मेरी,

या मैं खुद अपनी औकात बना बैठी हूँ?

पति: आज जौहरी के यहाँ काम हे, तुम्हे कुछ चाहिए?

बीवी: हांजी, रास्ते में गंगू हलवाई के दुकान से चार समोसे

और चार कचोरी ले आना, शाम के नास्ते के लिए!

पति: मैं तोः कोई गहनों की बात कर रहा था, चलो फिर,

सस्ते में निपट गया!

बीवी (अभी भी सोच में...)

सौ में से निन्यानवे

दूर दराज़ दोस्त ने बात छेड़ी:
रिश्ता कोई भी हो,
दूर हैं तोः सब सही लगता है,
पास आते ही सब फीका लगेगा!
हमने भी झट से बोला:
देखो जान, आप न बस चाय
का देख लियो...
फीकी नहीं होनी चाहिए,
बाकि का रिश्ता हम संभाल लेंगे!
सौ में से एक कदम आप चलना,
बाकि निन्यानवे हम चल देंगे!

राज़दार

राज़-ए-दिल दील ही में रहे
तोः अच्छा है...

अगर दोस्तों में बंट जाए,
तोः मज़ाक बनके
किस्तों में वापस आता है!

आज के इस भटकती दुनिया
के बिखरते लोगों में से
कोई राज़दार मिल जाए...
तोः उसे हमराज़ बना लेना!
उन्ही से तोः दुनिया चलती है

दोस्त

आजतक मतलब के लिए
जिस जिस रिश्ते ने इस्तेमाल किया,
मैंने सब निभाया!
अपना पराया सब देख लिया!
रिश्तों से भरोसा टूटने के
कगार पर था...
तभी तू मिला,
जो बिन मतलब हाल भी पूछा,
बिन मतलब प्यार भी किया!
ऐ दोस्त... खुदा न करे, तुझे
कभी किसी चीज़ की कमी हो...
अगर हो भी... तेरे लिए जान भी
हाज़िर है!
तू मांग के तो: देख?

चलती फिरती ज़िन्दगी

क्यों कुछ रिश्तों को
खोने से डरती हूँ?
जब खुद की ज़िन्दगी का ऐतबार नहीं,
फिर किसी ओर से ये आस क्यों?
वैसे,
बिछड़ने का दर्द दोतरफा होता है,
भले ही मोहब्बत एक तरफ़ा हो!
ज़िन्दगी के इस सफर में
कई आए... कई गए... किसी के
जाने से ज़िन्दगी रुकी भी
तोः नहीं?
दुआ हे... हमेशा चलते रहिए!
खुस रहिए!

नज़र

सवाल ज़रूर तुझसे
करता हूँ...
पर गवाह है मेरा दिल...
तुझपे कभी शक नहीं किया!
मैं तोः उन नज़रों को
गुनेहगार मानता हूँ...
जो तेरे आँखों के अलावा...
कहीं ओर भटकते हैं!
तुझसा मासूम तोः नहीं... ये
ज़माना बहुत ज़ालिम है!
पर तू घबराना मत मेरी जान...
तेरा दीवाना तेरे साथ है

☙❦❧

शरीफजादे नज़रें सिर्फ नज़र से मिलके
दिल जीत लेते हैं!

रब की मर्ज़ी

मैंने तोः रिश्ते पूरी ईमानदारी

से निभाने की कोशिश की थी,

रब ने क्यों बिच सफर

अपनों का साथ छुड़ा लिया?

रब ने शायद वह देखा

जो मैं नहीं देख पाती!

रब ने शायद वह सुना

जो मैं नहीं सुन पाती!

तोः रब ने वह कर दिया

जो शायद मैं कभी न कर पाती!

॥

अब सब रब की मर्ज़ी!

फरक

भूक लगे तोः दोनों रोए,
चोट लगते ही... फिर दोनों रोए
रोए भी कैसे... एक जैसे!
दिल दुखा... दर्द दोनों को हुआ,
आँखों से आंसू दोनों के बहे!
अब मोहब्बत है, उसमे शिद्दत है,
जाहिर है तलब दोनों को होती है!
मौत आती है... एक को तड़पा के
दूजे को सुकूनवाली नींद नहीं देती है!
आखरी नींद भी सबकी एक समान!
फिर ये लड़का-लड़की क्यों?

कोई फरक है तोः बताईएगा...
मुझे नहीं, जवाब दुनिया को चाहिए!

खुश रहिए...

कल भी अकेले थे,
आज भी अकेले हैं,
फर्क सिर्फ इतना है...
कल अपनों के बिच अकेले थे और
आज भरी महफ़िल में अकेले हैं!
तोः... कोई बात नहीं:
"अरे, महफ़िल में गाना लगा
दो भाई... ज़रा हम भी झूम लें"

रौशनी

हमने उन्हें अपनी उन
अँधेरी आपबीती बताई
जो परछाई थी हमारी ज़िन्दगी में!
हमे हैरत तब हुई
जब उन्होंने हमे सीने से लगाया
और सम्मान से माथा चुम लिया!
जाने अनजाने वह हमारे
ज़िन्दगी के रौशनी बन गए!

෧෪෧

किसी दूसरे के दर्द को अपना बना लेना
हर किसी के वश में नहीं होता!

लड़की

हर लड़की शहद-सी मीठी,

या तीखी मिर्ची नहीं होती है!

कोई कोई तोः अंगारों से बनती है!

अपने साथ जोशीले लफ्ज़ और

अनगिनत हसरतें लाती हैं!

हर चीज़ में कुछ अलग मिल जाए,

वही ख्वाइश होती है उस लड़की में!

दिल में आग लगी रहती है कुछ कर गुजरने की

... उसकी अथक अशांत सोच!

न इजाज़्ज़त मांगती न सफाई देती,

न जैसी-तैसी ज़िन्दगी से खुश!

उसकी खुद की दुनिया होती है,

एक दम प्यार, इश्क़ और मोहब्बत से भरी!

जान सको तोः जानलो मुझको,

पहचान सको तोः पहचान लो!

मैं हूँ वह लड़की!

मददगार

काश रोते-रोते हंसना सिख जाते!

काश हारते-हारते जीत जाते!

काश ढूँढने पर हर खुसी मिल जाती!

काश प्यार के बदले प्यार मिल जाता!

हर शमा को परवाना और

हर हीर को रांझा मिल जाता!

ऐसा कुछ होता तोः न किसीको

आदत से डर लगता, न कोई मजबूर होता,

न किसी को प्यार की फ़िक्र होती,

न कोई सुकून तलाशता!

"दर्द नाम का कोई चीज़ नहीं होता"

☙

मर्ज़ी हो खुदा की तोः वही मददगार है!